Retrouvez toute notre collection sur :

www.quellehistoire.com

Disponible

Disponible

Disponible

Disponible

Disponible

Disponible

Disponible

Disponible

Disponible

Disponible

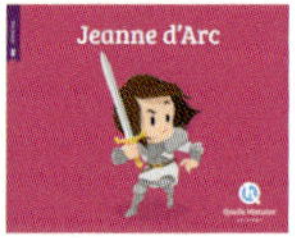

Disponible

Disponible

Disponible

Disponible

Disponible

Disponible

Disponible

Disponible

Disponible

Disponible

Disponible

Disponible

Disponible

Disponible

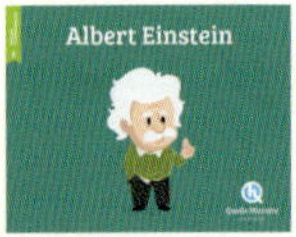

Disponible

Disponible

Disponible

Disponible

Disponible

Disponible

Disponible

Disponible

À découvrir également

dans la collection Histoire junior

Disponible

Disponible

Disponible

Disponible

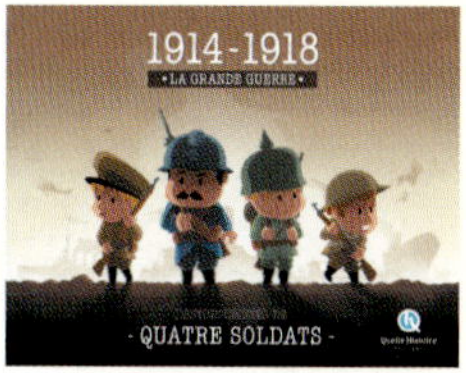

Coffret 4 livres
Disponible

La collection Mythologie

pour tout connaître des grands héros de l'Antiquité

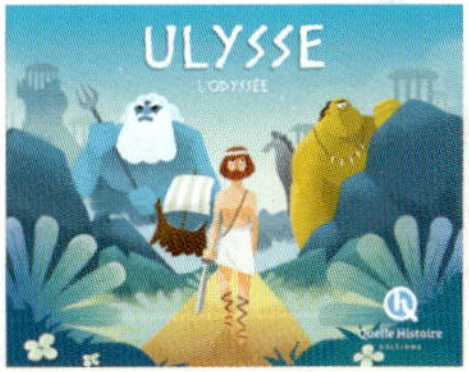

Disponible

Disponible

Disponible

Disponible

Quelle Histoire

Édition et conception : Quelle Histoire SAS. 22, Villa de Lourcine 75014 Paris
Illustrations : Bruno Wennagel, Mathieu Ferret, Mathilde Tuffin, Guillaume Biasse, Sophie D'Hénin
Textes : Clémentine V. Baron

Siège social : 22, Villa de Lourcine 75014 Paris

www.quellehistoire.com
contact@quellehistoire.fr

Fabriqué par Labelfab / Imprimé en France par Stin Imprimerie - Toulouse

Dépôt légal juin 2017

Loi n°49-956 du 16 juillet 1949 sur les publications destinées à la jeunesse

PEFC 10-31-2841

FABRIQUÉ EN FRANCE

LES SEPT MERVEILLES

du monde antique

Sept ouvrages gigantesques

Il y a très longtemps, des auteurs antiques ont tenté d'établir une liste des plus beaux ouvrages du monde. Cela pouvait être des sculptures ou des monuments. Le premier d'entre eux, Philon de Byzance, propose vers le Vᵉ siècle une liste de sept monuments, aux formes et aux proportions parfaites, répartis sur le pourtour du Bassin méditerranéen. Le chiffre 7 n'est pas choisi au hasard, il revêt une symbolique magique. Malheureusement, la plupart de ces œuvres fascinantes ont disparu avec le temps. L'image que l'on s'en fait repose uniquement sur les descriptions des anciens et les représentations des artistes.

Vers 2500 - 290 av. J.-C.

La pyramide de Khéops

Vers 2500 av. J.-C., le pharaon Khéops rêve de bâtir une pyramide si haute qu'elle toucherait le ciel, une sépulture digne du grand roi d'Égypte qu'il est ! Le somptueux monument qu'on appelle « Akouit » (« la brillante ») est recouvert de calcaire blanc, éblouissant sous les rayons du soleil... La pyramide mesure 146 mètres de haut et 233 mètres de côté, des dimensions incroyables pour l'époque ! Sa forme, d'une régularité parfaite, repose sur des calculs mathématiques compliqués. Avec le temps, elle s'est un peu abîmée, mais c'est la seule des Sept Merveilles du monde à exister encore aujourd'hui.

Vers 2500 av. J.-C.

Les jardins suspendus de Babylone

Au VIe siècle av. J.-C., le roi Nabuchodonosor II est très amoureux de son épouse Amytis. Pour lui rappeler son pays d'enfance, il fait bâtir pour elle de magnifiques jardins suspendus dans la ville antique de Babylone, où ils vivent. Trois siècles plus tard, Alexandre le Grand est en pleine conquête. Il attaque la ville de Babylone et, lorsque celle-ci capitule, découvre avec stupeur et émerveillement les jardins suspendus. On ne sait pas à quoi ils ressemblaient et, contrairement aux autres merveilles du monde, leur existence n'est pas attestée. Il ne s'agit peut-être que d'une légende !

Vers 600 av. J.-C.

La statue de Zeus à Olympie

Vers 436 av. J.-C., le sculpteur grec Phidias commence le chef-d'œuvre de sa vie : une monumentale statue de Zeus. C'est une sculpture chryséléphantine, c'est-à-dire faite avec de l'or et de l'ivoire : les matériaux les plus nobles ! Elle montre le roi des dieux assis sur son trône, portant dans sa main gauche un sceptre surmonté d'un aigle et dans sa main droite une statuette de Niké, la déesse de la Victoire. Transportée par la suite à Constantinople, l'immense statue est détruite dans un incendie au Ve siècle apr. J.-C. On sait à quoi elle ressemblait uniquement grâce aux descriptions de l'auteur Pausanias.

Vers 436 av. J.-C.

Le temple d'Artémis à Éphèse

Depuis le VIe siècle av. J.-C., un temple dédié à la déesse Artémis fait la fierté de la ville d'Éphèse (actuelle Turquie). Malheureusement, un incendie le détruit en 356 av. J.-C. (le jour de la naissance d'Alexandre le Grand, d'après la légende). Des années plus tard, ce même Alexandre propose de financer la construction d'un temple encore plus beau sur les ruines du précédent. Lors de son passage à Éphèse, il est impressionné par l'ampleur des travaux... On devine déjà la magnificence de l'édifice, tout en colonnes et en marbre blanc ! Il n'est pas achevé, mais sa réputation est faite.

Vers 356 av. J.-C.

Le mausolée d'Halicarnasse

Mausole est un puissant gouverneur de Carie (actuelle Turquie). À sa mort, vers 353 av. J.-C., une tombe superbe est construite par les architectes Satyros et Pythéos, connus pour avoir bâti à Priène un très beau temple pour la déesse Athéna. Cette fois, ils s'associent avec les meilleurs sculpteurs de leur époque : Timothéos, Scopas, Bryatix et Léocharès. Après des années de travail, le résultat est de toute beauté : un bâtiment original surmonté d'une pyramide et orné de gravures, de reliefs et de frises d'une grande finesse. La sépulture de Mausole est si belle, qu'aujourd'hui, les tombes imposantes s'appellent des « mausolées ».

Vers 353 av. J.-C.

Le colosse de Rhodes

Cette énorme statue représentait le dieu Hélios, protecteur de l'île de Rhodes. Sculpté par Charès de Lindos entre 292 et 280 av. J.-C., en souvenir de la résistance héroïque de la ville lors du siège de Démétrios (vers 305-304 av. J.-C.), le dieu en bronze mesurait plus de trente mètres ! On l'a longtemps représenté à l'entrée de la ville, campant avec autorité, les jambes écartées entre lesquelles passaient les bateaux. On pense aujourd'hui qu'une telle disposition était impossible, mais le colosse, qui s'est effondré pendant un tremblement de terre vers 227 av. J.-C., a emporté son mystère avec lui...

Vers 292 av. J.-C.

Le phare d'Alexandrie

Au début du IIIe siècle av. J.-C., Alexandrie (actuelle Égypte) est une des villes les plus importantes du monde grec. Le roi Ptolémée Ier souhaite bâtir un monument symbole de la puissance et de la modernité de la cité… Ce sera un phare, pour apporter la lumière et montrer le rayonnement d'Alexandrie ! Construit vers 290 av. J.-C. sur l'île de Pharos, par l'architecte Sostratos de Cnide, il était composé de plusieurs étages et mesurait environ 135 mètres. Si haut, dit-on, que les marins pouvaient apercevoir sa lumière à plus de 50 km ! Il n'en reste malheureusement plus aucune trace.

Vers 290 av. J.-C.

Les Sept Merveilles du monde moderne

Depuis l'Antiquité, la connaissance du monde s'est étendue et d'autres monuments emblématiques ont vu le jour. Ne faudrait-il pas établir une nouvelle liste des merveilles du monde ? C'est chose faite en 2007, quand des architectes du monde entier votent pour élire sept nouvelles merveilles. On y trouve des sites maya (l'ancienne ville de Chichén Itzá) et inca (le Machu Picchu), le Taj Mahal en Inde, la statue du Christ rédempteur à Rio, le Colisée de Rome, la muraille de Chine et la cité troglodyte de Pétra en Jordanie. Contrairement aux Sept Merveilles du monde antique, celles-ci sont encore toutes bien visibles !

2007

Les Sept Merveilles du monde naturel

Les Sept Merveilles du monde désignent des ouvrages nés de la main de l'homme, mais la nature n'est-elle pas le plus génial des architectes ? En 2011, une liste des sept merveilles de la nature est établie à l'initiative du documentariste Bernard Weber. « Nous découvrons ensemble l'incroyable beauté et la variété de notre planète », dit-il. On y trouve la baie d'Along au Vietnam, la montagne de la Table en Afrique du Sud, l'Amazonie, les chutes d'Iguazu au Brésil et en Argentine, l'île de Jeju en Corée du Sud et celle de Komodo en Indonésie, et enfin, la rivière souterraine de Puerto Princesa aux Philippines.

2011

3000 av. J.-C.

Vers 2500 av. J.-C. Construction de la pyramide de Khéops.

Vers 600-560 av. J.-C. Construction probable des jardins suspendus de Babylone.

562 av. J.-C. Mort de Nabuchodonosor II.

Vers 560 av. J.-C. Construction du premier temple d'Artémis à Éphèse.

Vers 356 av. J.-C. Incendie du premier temple d'Artémis et naissance d'Alexandre le Grand.

Vers 353 av. J.-C. Mort de Mausole.

Vers 350 av. J.-C. Fin de la construction du mausolée d'Halicarnasse.

323 av. J.-C. Mort d'Alexandre le Grand.

305-304 av. J.-C.
Siège de Rhodes par Démétrios Poliorcète.

Vers 290 av. J.-C.
Construction du phare d'Alexandrie.

227 av. J.-C.
Effondrement du colosse de Rhodes.

2011
Établissement de la liste des Sept Merveilles de la nature par la New Seven Wonders Foundation.

2015

280 av. J.-C.
Le colosse de Rhodes est achevé après 12 ans de travail.

283 av. J.-C.
Mort de Ptolémée Ier.

2007
Établissement de la liste des Sept Merveilles du monde moderne par la New Seven Wonders Foundation.

? *Dans ce livre sont représentées des dates suivies du petit texte « av. J.-C. », cela signifie que les dates où se déroulent les événements sont « avant Jésus-Christ », c'est-à-dire avant la naissance de Jésus-Christ qui représente l'année 1 du calendrier tel que nous le connaissons aujourd'hui. Ce calendrier s'appelle le calendrier grégorien.*

Le Bassin méditerranéen
1
2
3
4
5
6

Légende de
LA CARTE

1 Gizeh

Cette ville d'Égypte fait aujourd'hui partie de la métropole du Caire. Elle attire des visiteurs du monde entier car elle abrite les trois grandes pyramides de Khéops, Khéphren et Mykérinos, ainsi que le célèbre Sphinx !

2 Alexandrie

C'est Alexandre le Grand, le célèbre roi conquérant, qui en 331 av. J.-C. fonde cette ville en Égypte et lui donne son nom. Capitale pendant quelque temps, elle reste une des plus importantes villes du monde méditerranéen.

3 Babylone

La ville de Babylone, située au sud de l'Irak actuel, est très puissante pendant l'Antiquité. Son apogée correspond au règne de Nabuchodonosor II qui y fit (peut-être) bâtir les légendaires jardins suspendus.

4 Rhodes

Principale ville de l'île du même nom, Rhodes arborait avec fierté une immense statue à l'entrée de son port au IIIe siècle av. J.-C. : un colosse qui représentait le dieu Hélios.

5 Éphèse

Située dans l'actuelle Turquie, Éphèse est pendant l'Antiquité l'un des ports les plus importants du monde grec. Sa renommée est en partie due à son magnifique temple dédié à la déesse Artémis.

6 Olympie

La ville qui a donné son nom aux Jeux olympiques est située dans la région du Péloponnèse en Grèce. Pendant l'Antiquité, c'est un sanctuaire religieux, habité uniquement par des prêtres.

Philon de Byzance

(entre le IVe et le VIe siècle)

On a longtemps cru que l'auteur du traité sur les Sept Merveilles du monde était un ingénieur grec du IIIe siècle av. J.-C., mais on a réalisé que le texte avait été rédigé bien plus tard, par un homonyme !

Mausole

(inconnue-353 av. J.-C.)

Il fut le satrape (c'est-à-dire gouverneur) de la région de Carie dans l'actuelle Turquie. Son nom a donné le terme « mausolée », qui désigne une tombe de grandes dimensions.

Khéops

(vers 2500 av. J.-C.)

On sait très peu de choses sur ce pharaon qui vécut il y a plus de 4500 ans ! Il hérite du trône d'Égypte après son père Snéfrou et devient le deuxième roi de la IVe dynastie égyptienne.

Alexandre le Grand

(356-323 av. J.-C.)

Ce roi de Macédoine est le conquérant le plus célèbre de l'Antiquité. Sur son fier destrier Bucéphale, il est allé jusqu'en Égypte et en Perse. Il a inspiré des grands monarques tels que César et Napoléon.

Le Jeu du

CHERCHE & TROUVE

Cherche et trouve les éléments suivants dans le décor de droite :

Mausole

Khéops

Alexandre
le Grand

Philon
de Byzance

Néfertiti

Ramses II

L'écrivain

Le serveur

Le félin

Le skieur

Le tagueur

Le peintre

Le grimpeur

Le vacancier

Les cuisiniers

Le crocodile

Le chat

Le scarabée

Le dromadaire

Le serpent

Le Jeu des
7 ERREURS

Trouve les 7 différences entre l'image de gauche et l'image de droite.

Solution : les fleurs, l'oiseau, le volcan, la tour, la gravure, le motif de la colonne, la feuille.

Le Jeu du

LABYRINTHE

Aide Khéops à trouver le chemin de son papyrus.

Solution : le bon chemin est le numéro 3.

Le Jeu des

OMBRES

Retrouve la bonne ombre d'Alexandre le Grand.

Bonne réponse : l'ombre e.

Le Jeu du

QUIZ

1. Quel conquérant découvre les jardins suspendus de Babylone ?

a. Jules César

b. Alexandre le Grand

c. Hannibal

d. Attila

2. Quelle déesse est représentée dans la main de la statue de Zeus ?

a. Aphrodite

b. Athéna

c. Niké

d. Héra

3. Sur quelle île, proche d'Alexandrie, est construit le phare?

a. L'île de Pharos

b. L'île de Lumos

c. L'île de Lampos

d. L'île de Torchos

Bonnes réponses : 1.b / 2.c / 3.a